समय से उठना चाहिए

प्रतिदिन सैर करनी चाहिए

समय से सोना चाहिए

सुरक्षा नियमों का पालन करना चाहिए

लगातार हाथ धोते रहना चाहिए

नियमित रूप से नाखून काटने चाहिए

हल्की धूप लेनी चाहिए

हमेशा खुश रहना चाहिए

साफ पानी से आँखें धोनी चाहिए

भरपूर मात्रा में पानी पीना चाहिए

संतुलित भोजन खाना चाहिए

समय पर खाना चाहिए

प्रतिदिन अच्छी तरह से नहाना चाहिए

प्रतिदिन व्यायाम करना चाहिए

प्रतिदिन योग करना चाहिए

प्रतिदिन दाँत साफ करने चाहिए